BEI GRIN MACHT SICH IHR WISSEN BEZAHLT

- Wir veröffentlichen Ihre Hausarbeit, Bachelor- und Masterarbeit

- Ihr eigenes eBook und Buch - weltweit in allen wichtigen Shops

- Verdienen Sie an jedem Verkauf

Jetzt bei www.GRIN.com hochladen und kostenlos publizieren

Elisabeth von Heyking

Aus dem Lande der Ostseeritter

Aus: Zwei Erzählungen

GRIN Verlag

Bibliografische Information der Deutschen Nationalbibliothek:

Die Deutsche Bibliothek verzeichnet diese Publikation in der Deutschen Nationalbibliografie; detaillierte bibliografische Daten sind im Internet über http://dnb.d-nb.de/ abrufbar.

Dieses Werk sowie alle darin enthaltenen einzelnen Beiträge und Abbildungen sind urheberrechtlich geschützt. Jede Verwertung, die nicht ausdrücklich vom Urheberrechtsschutz zugelassen ist, bedarf der vorherigen Zustimmung des Verlages. Das gilt insbesondere für Vervielfältigungen, Bearbeitungen, Übersetzungen, Mikroverfilmungen, Auswertungen durch Datenbanken und für die Einspeicherung und Verarbeitung in elektronische Systeme. Alle Rechte, auch die des auszugsweisen Nachdrucks, der fotomechanischen Wiedergabe (einschließlich Mikrokopie) sowie der Auswertung durch Datenbanken oder ähnliche Einrichtungen, vorbehalten.

Impressum:

Copyright © 2008 GRIN Verlag GmbH
Druck und Bindung: Books on Demand GmbH, Norderstedt Germany
ISBN: 978-3-640-21702-1

Dieses Buch bei GRIN:

http://www.grin.com/de/e-book/118915/aus-dem-lande-der-ostseeritter

GRIN - Your knowledge has value

Der GRIN Verlag publiziert seit 1998 wissenschaftliche Arbeiten von Studenten, Hochschullehrern und anderen Akademikern als eBook und gedrucktes Buch. Die Verlagswebsite www.grin.com ist die ideale Plattform zur Veröffentlichung von Hausarbeiten, Abschlussarbeiten, wissenschaftlichen Aufsätzen, Dissertationen und Fachbüchern.

Besuchen Sie uns im Internet:

http://www.grin.com/

http://www.facebook.com/grincom

http://www.twitter.com/grin_com

Elisabeth von Heyking

Aus dem Lande der Ostseeritter

[aus „Zwei Erzählungen", erstmalig erschienen 1921]

In Livland, auf ihrer Eltern Gut, Burkahnen, ward Komteßchen Dorothee, wie der Grafenkalender kündet, um 1820 geboren. In völliger Weltabgeschiedenheit wuchs sie dort auf, als einziges Kind.

Das Herrenhaus in Burkahnen war ein ganz altes Gebäude, das ursprünglich seinen Anspruch auf besonderen Stil erheben konnte, aber Dorothees Großeltern hatten es im klassizistischen Geschmack jener Tage neu herrichten lassen. Die Hauptfassade war mit einem griechischen Giebel und dorischen Säulen geschmückt worden, und zu beiden Seiten der großen Haustür hatte man in die dicke Mauer Nischen eingehauen, in denen nun hohe dreifüßige Opferschalen standen. Dinge, die sich zu wundern schienen, wie sie in die nordische Umgebung hineingeraten waren.

Es war ein stillverträumtes Haus, darin es überall nach Lavendel roch, und alles hatte etwas Geheimnisvolles. Wenn man plötzlich in ein Zimmer trat, knisterte es ganz leise in den alten Tapeten, als hätten die sich eben eine Geschichte erzählt und hielten nun erschrecken inne. Es gab da Stuben mit Friesen, die, in Anlehnung an Thorwaldsen, weiße Figuren auf blaßblauem Grunde wiesen, und andere, die mit alten verblichenen Kattunen bespannt waren. Zierlich steife Empiremöbel standen an den Wänden, gerade und spärlich verteilt, die Schreibtischchen hatten viele geheime Schubfächerchen, aber der Platz zum Schreiben war ganz klein und offenbar nur für winzige Billettchen berechnet. Und erstaunlich viel Kartentische gab es in dem Hause, auf denen Préférence und L'hombre gespielt wurde.

Der merkwürdigste Raum aber war ein großer ausgemalter Saal. Ein Vorfahre von Dorothee, der von einer Reise nach Italien die dauernde Sehnsucht nach Sonne und Süden heimgebracht, hatte hier, nach seiner Rückkehr, eine Reihe italienischer Landschaften auf die Wände zaubern lassen. Abgegrenzt waren sie untereinander durch bunte, überreiche Girlanden. Viel röter waren da die Rosen und weit größer die Trauben, als Dorothee sie je in den Burkahnichen Treibhäusern gesehen, und noch manch andere Blumen und Früchte, deren Namen sie kaum kannte, waren in beängstigender Üppigkeit dargestellt. In tiefe purpurne Blütenkelche blickte sie, die irgendwie die Vorstellung schwüler Abgründe erweckten, und zwischen grünen, Schlangen gleichenden Ranken reckten sich Kolben goldenen Welschkornes vor gegen das violette Kleid überreif berstender Feigen, die platzenden Schalen der Granaten, aus denen Kerne in blutrotem Safte quollen. Auf den also eingerahmten Bildern erhoben sich phantastische Bauten, von blendendem Sonnenlicht beschienen, gegen tiefblaue wolkenlose Himmelszelte; aus den Mäulern marmorner Delphine, auf denen Tritone ritten, sprangen schillernde Wasserstrahlen, und über opalisierende Gewässer glitten goldene Barken. Unwahrscheinlich erschienen diese Gefilde inmitten von Dorothees übriger etwas frostig zierlichen Welt, unwahrscheinlicher noch waren die Figuren, die die Bilder belebten. Ein schöner schwarzäugiger Jüngling, im Barett mit wehender Feder, langen seidenen Strümpfen und samtenem Wamse spielte die Laute unter Bäumen, in deren tiefgrünem Laube weiße Blüten leuchteten und zugleich goldene Früchte glühten. Süß lächelnde Frauen in golddurchwirkten Gewändern, mit glitzerndem Geschmeide auf dem tief entblößten Busen, blickten herab von hohen, mit leuchtenden Teppichen behangenen Balkonen, spielten verträumt mit bunten Papageien und kleinen listig grinsenden Äffchen. Scharen Vermummter, mit schwarzen Masken, drängten schäkernd über einen von Arkaden umgebenen Platz, der wie ein ungeheurer Festsaal wirkte. Mohren trugen güldene Schüsseln zu großen Gelagen, seltsame Zwerge mit roten Schellenkappen lugten verstohlen aus Säulengängen.

Den Märchensaal hatte Dorothee, als sie klein war, den Raum genannt, und etwas Irreales, dem kühlen nordischen Alltag Entrücktes hatte er wirklich. Er wurde auch nur bei besonderen Anlässen benützt, wenn so viel Gäste aus den benachbarten Gütern zu Besuch kamen, daß das gewöhnliche Eßzimmer nicht ausreichte, oder zu Weihnachten und anderen großen Festen. Eine Bewunderung, die zugleich Scheu war, empfand Dorothee vor dem Saale. Er hatte für sie etwas, das die Vertraulichkeit bannte. Wie es ja auch, als sie klein gewesen, Puppen gegeben hatte, mit denen es sich nicht recht spielen ließ, weil sie gar zu prächtig waren. Ja, es wollte Dorothee sogar scheinen, als müsse solch eine Überfülle von Glanz und Schönheit beinahe ein bißchen sündhaft sein. Sie hatte dieses undeutliche Empfinden wahrscheinlich nicht laut in Worte zu fassen vermocht es war nur, als mahne so in ihrem Innern eine leise Stimme, die aus weiten Fernen zu kommen schien. Denn in dieser Nachkommin jener harten, alten Geschlechter, die vor Jahrhunderten mit den Deutschordensrittern in das wilde Land gekommen waren, und sich hier unter Mühsal und Entbehrungen ihre Lebensbedingungen erkämpft hatten, in ihr mußte wohl, ohne daß sie sich dessen recht bewußt gewesen, ein kleiner Zug von Strenge und puritanischer Selbstzucht liegen. Aber dabei stammte Dorothee doch auch von jenem anderen, ganz verschieden gearteten Ahnherrn ab, der die Wandgemälde des Märchensaales in erinnernder Sehnsucht nach dem sonnigen Süden, einst hatte ausführen lassen, und durch ein in ihren Adern rollendes Tröpfchen seines Blutes kam es wohl, daß die geheimnisvolle Welt des Märchensaales sie doch mit tausend Lockungen rief und anzog. Immer aber blieb sie ihr im Gegensatz zum ganzen übrigen Burkahnen ein klein wenig unheimlich und fremd.

Alles andere dort war ihr eigen, war eigentlich sie selbst. Es würde ihr ja auch alles einstmals gehören. Niemand hatte ihr das gesagt, und doch wußte sie es schon als Kind, ganz von selbst. Ja, leben und in Burkahnen sein war im Grunde ein und dasselbe.

Und bis zu ihrem achtzehnten Jahre blieb sie auch, mit Ausnahme von Besuchen auf benachbarten Gütern, ununterbrochen dort.

Sie war aber nicht etwa allein mit ihren Eltern in Burkahnen.

Da gab es vor allem die vielen Letten, mit den blassen Augen und dem strohfarbenen, strähnigen Haar, mit den seltsam schwermütigen Weisen, die sie abends, nach getaner Arbeit, zum Klang von Rohrpfeife und Dudelsack sangen. Bis kurz vor Dorothees Geburt waren sie noch alle Leibeigene gewesene, durch den, preußischen Vorbildern nacheifernden, baltischen Adel dann befreit, zeigten sie aber noch ganz jene Unterwürfigkeit, die eine lange Vergangenheit der Knechtschaft ihrem Wesen eingeprägt hatte. In selbstgewebte Leinwand gekleidet, verbeugten sie sich ehrfurchtsvoll vor Dorothee und küßten den Saum ihres Kleides. Sie waren es, die für alles sorgten in Haus, Hof und Garten, auf deren Arbeitskraft die ganze Wirtschaft sich aufbaute. Dank ihnen konnten die deutschen Herren und Herrinnen ein Leben führen, wie es in den ganz fernen östlichen Ländern der Erde üblich, wo auch immer für jede Hantierung Wesen anderer Klasse dastehen, bereit den fremden Beherrschern des Daseins kleine Mühen und Lasten abzunehmen. Und Dorothees kränkliche Mutter brauchte sich wenig um ihr großes Hauswesen zu kümmern. Durch die lettische Wirtin ging da alles nach altem Herkommen und wie von selbst, ohne Prunk und sonderliche Eleganz, aber mit einer stets bereiten Gastlichkeit, einer gewissen breiten Behäbigkeit, der alles kleinliche Rechnen fremd war,

Um die Tage aber zu füllen, hatte man geistige Interessen, schwärmte für Walter Scott, betrieb Bildung in einer milden Form. Auch Dorothee wurde damit versehen. Wechselnde ausländische Gouvernanten widmeten sich dieser Aufgabe. Mademoiselles und Misses, die am Firmament ihrer Kindheit vorüberzogen. Denn Kenntnis verschiedener Sprachen galt als unentbehrlich, obwohl es fraglich schien, wo sie praktisch angewendet werden würde. Tanzen wurde Dorothee beigebracht, Tirolienne und Menuett, und auf dem neuen schmalen Mahagoniflügel von Gothow in Riga mußte sie, unter Aufsicht der ihr oft als wahre Quälgeister erscheinenden Ausländerinnen, spielen lernen. Im Bombasinkleidchen, aus dessen Puffärmeln die bloßen Ärmchen hervorkamen, saß sie da und übte unverdrossen Hummel, Schubert und Webers »Aufforderung zum Tanze«, bis daß ihr kleines Gesicht zwischen den Löckchen, die gerade und ordentlich über die Öhrchen hingen, ganz rot wurde.

Am liebsten entfloh sie dem allem in den großen Garten. Da verbrachte sie ihre schönsten Stunden. Denn wie der Märchensaal vielleicht der fremdeste, so war ihr der Garten der heimischste Ort im ganzen heimisch vertrauten Burkahnen. Für ihn empfand sie ein so starkes Gefühl der Zugehörigkeit, daß ihr manchmal war, als sei sie selbst eines seiner Pflänzchen. Sie vermochte nicht sich vorzustellen, daß es irgendwo einen schöneren Garten geben könne.

In seiner Mitte auf einem Rondell mit großen Fliederbüschen stand eine alte steinerne Sonnenuhr.

Gerade Wege strahlten von dort aus und führten an Rabatten vorbei. Päonien und Levkoien, Lavendel, Stockrosen und Reseden blühten da. Und lange Reihen Obstbäume gab es, kleine Zuckeräpfel und Kläräpfel, die im Herbst ganz durchsichtig wurden. Traumhafte Dome zartesten blassesten Rosas bildeten ihre Kronen, wenn sie im Frühling blühten, und die vielen Bienen flogen geschäftig ab und zu, eilend während der kurz bemessenen warmen Jahreszeit Vorräte in die gelben Bienenkörbe zu tragen. Ganz schläfrig wurde man von dem unaufhörlichen Summen. Und wirklich war Dorothee inmitten des Frühlingsblühens manchmal in einer der Pfeifenstrauchlauben einen Augenblick eingeschlafen und hatte geträumt, daß sie auch solch ein Bienchen sei, und es verstände, aus den heimatlichen Blumen süßen Honig einzuheimsen.

Aber oftmals lief die kleine Dorothee mit der sittsamen Jakonettpelerine über dem bloßen Hälschen und den langen Höschen, die unter den steif gestärkten Röckchen bis auf die Knöchel herabhingen, noch viel weiter, bis dorthin, wo der regelmäßige Garten sich in einen weiten natürlichen Park verlor und allmählich in Wiesen und Wald überging. Nicht gepflegt war dieser Wald, ungelichtetes Unterholz füllte ihn, Stämme sanken um und vermoderten unbeachtet. Wie Riesenkerzen standen die weißen Birken, ernst und feierlich, gegen die tiefe Nacht der Föhren, und unten dicht am Boden war ein Gewimmel von Blaubeeren und Strickbeeren, Pilzen und Farnen.

Außer den Letten, den Gouvernanten und Lehrern gab es in Dorothees Leben auch noch eine Reihe von Verwandten. Allerhand alte Tanten und Cousinen, die viel mehr Tugend als Schönheit oder irdische Güter besaßen, verbrachten gewohnheitsmäßig den Sommer im geräumigen Herrenhaus von Burkahnen; winters in Riga, Dorpat oder kleineren Kreisstädten lebend, schlossen sie im Frühjahr ihre Wohnungen ab, nachdem sie vorher alles darin wohl eingemottet, die Polstermöbel mit Überzügen vermummt und Bilder, Kronleuchter und Spiegel mit Gazehüllen gegen die Fliegen umwickelt hatten. Dann verteilten sie sich auf die reicheren Verwandten, die Güter besaßen, kamen zu zweien und dreien angefahren mit Koffern und Schachteln, denen sie Jahr für Jahr dieselben Kleider entnahmen. Von vergangenen Tagen sprachen sie gern mit dünnen Stimmen und meinten wehmütig, wie viel besser doch alles zu Zeiten Kaiser Alexanders gewesen, da sie selbst noch mit jungen Augen in die Welt geblickt hatten. Lauter alte Dämchen waren es, denen das Leben wohl nie seine besten Möglichkeiten geboten hatte, oder die sich diese doch irgendwie hatten entgleiten lassen die ersten Menschen, an denen Dorothee den Stachel kennen lernte, den das Nichterlebte und Niebesessene bisweilen hinterläßt.

Die nächsten Nachbarn von Burkahnen waren ebenfalls Verwandte, die da auf einem kleineren Gute saßen. Einen Vetter Arnold gab es in dieser Familie, einen jungen Mann, der einige Jahre älter war als Dorothee und den sie, ohne viel darüber nachzudenken, als Eigentum und selbstverständlichen Teil ihres Lebens betrachtete nicht viel anders als die Bäume, die auch ein für allemal dastanden. Der Vetter kam häufig nach Burkahnen. Er hatte in Dorpat studiert und trug Anzüge, die der Schneider in der Kreisstadt fabrizierte. Mama und sämtliche Tanten waren sich einig, daß er ein kreuzbraver Mensch sei, und Papa erwähnte bisweilen, daß sein Gut und Burkahnen früher einmal in derselben Hand vereinigt gewesen seien und zusammen einen schönen Besitz gebildet hatten. Der Vetter war so deutsch gesinnt, wie man es nur dort ist, wo das Deutschtum sich wie eine einsame Insel aus der Mitte fremder Menschenfluten erhebt, und mit seinen heißesten Wünschen begleitete er die Provinzialvertreter, Baron Brüning und Baron Hahn, die in Petersburg für die Erhaltung der damals bereits angefeindeten baltischen Privilegien wirkten.

So recht inmitten der eigenen Sippe verliefen Dorothees Tage. Wen man überhaupt kannte, der war auch zugleich Verwandter oder doch lang angestammter Freund. Von harmloser Ungezwungenheit war dadurch das ganze Leben. Man fuhr von Gut zu Gut in großen Wagen, tanzte, ritt, improvisierte Scharaden. Oft kamen so viele Gäste, daß in einem Zimmer mehrere einquartiert werden mußten und den jüngeren Herren die Lager auf Streu bereitet wurden. Hochzeiten dauerten drei bis vier Tage mit großen Gelagen, und waren die Vorräte erschöpft, so wurde Sauerkohl gereicht, als Zeichen zum Aufbruch. Man genügte sich untereinander, hatte keinerlei Verlangen nach Fremden, empfand sich, wie man nun einmal war, als die eine exklusiv gute Gesellschaft.

Und dann, als Dorothee achtzehn Jahre alt geworden, erschien in Burkahnen eine Tante, die sich nicht oft dort blicken ließ. Sophie hieß sie, nannte sich aber gern Sonja, denn sie hatte sich in ihrer Jugend nach Petersburg verheiratet und das Russische dünkte sie vornehmer. Ihr Spitzname in der Familie war darum »die verrußte

Tante«. Tante Sonjas verstorbener Mann hatte unter Kaiser Alexander verschiedene diplomatische Stellungen bekleidet, und sie war viel mit ihm in der Welt herumgekommen. Den Höhepunkt ihres Lebens aber, auf den sie in der Konversation immer zurückkehrte, bildete der Wiener Kongreß, bei dem sie als junge Frau gewesen. Etwas elegant Internationales war von alledem an ihr haften geblieben. Ihre Kleider hatten einen anderen Schnitt als die von den Jungfern der Damen des Landadels »schneiderierten«, und sie pflegte diese wie seltsame Ausgrabungen durch die Lorgnette zu mustern. Ganz beiläufig schilderte sie dann jene Toiletten, die die schöne Fürstin Bagration, die Gräfinnen Zichy und die Herzogin von Acerenza einst getragen hatten, oder sie erzählte, welche neuesten Moden die berühmte Schneiderin Madame Minette jetzt in Paris geschaffen habe. Wenn am langen Eßtisch in Burkahnen Palten und Knappkäse, Keilchen mit Schwarzbeeren und Kalkuhne mit Barawicken von den schwerfälligen lettischen Dienern in großen Schüsseln aufgetragen wurden, erwähnte sie, wie zufällig, die suprêmes, pâtés und pièces montées, die bei den Wiener Festen von Lakaien in habits à la française serviert worden waren, und sie würzte die Unterhaltung gern mit den längst verklungenen Bonmots des Fürsten von Talleyrand und des Prinzen von Ligne. Tante Sonja fühlte sich eben den Menschen und Dingen, unter denen sie einst groß geworden, völlig entwachsen und dünkte sich ihnen überlegen, und ihre Haltung war die einer herablassenden Nachsicht geworden. Die anderen hatten aber ihrerseits viel zu viel Selbstbewußtsein und lang ersessenes Herrengefühl, um je zu glauben, daß solche Überhebung irgend jemand überhaupt in den Sinn kommen könne.

Für alles hatte Tante Sonja ein kritisches Naserümpfen, nur Dorothee schien ihre volle Billigung zu finden. Und nachdem sie ein Weilchen dagewesen und beobachtet hatte, sagte sie zu Dorothees Eltern: »Bei eurer Kränklichkeit ist es ja begreiflich, daß ihr beide von Burkahnen nicht fort könnt, aber gegen eure Tochter ist es un véritable crime, sie in dieser Weltabgeschiedenheit verkommen zu lassen, wo sich ihr außer dem Cousin Arnold keine Lebenschance bieten wird. Gebt mir das Kind für den Winter mit, in Petersburg will ich ihr le vrai monde und auch sie selbst zeigen. Elle en vaut la peine!«

Und weil Dorothees. Eltern überaus gewissenhafte Menschen waren, wurden sie bei diesen Worten sehr betroffen. Der Gedanke war ihnen schier unerträglich, daß sie, aus eigener Bequemlichkeit, eine Pflicht gegen ihr einziges Kind versäumt haben sollten! Sofort machten sie sich innerlich Vorwürfe, mit der Selbstquälerei feiner, stiller Seelen, denen die äußeren Umstände des Lebens nicht Tätigkeit als Ablenkung von peinigender Grübelei aufnötigen. Aus diesen Erwägungen heraus gaben sie ihre Einwilligung zu Tante Sonjas Vorschlag. Durch den Schmerz aber, den sie bei der ganz neuen Vorstellung empfanden, die Tochter monatelang missen zu sollen, merkten sie selbst erst, wie sehr sie wohl im stillen gehofft hatten, daß sich Dorothees Leben auch fernerhin ganz in Burkahnen mit dem Vetter als mögliche Zugabe abspielen werde.

Dorothees achtzehn Jahre waren begeistert bei dem Gedanken an die Reise. Alles, was an ihr an Neugierde und Abenteuerlust und auch an Sehnsucht nach Schönheit schlummerte, wachte auf, und erstaunt merkte sie, daß sie sich schon lange solche Gelegenheit, die Welt zu sehen, gewünscht hatte, ohne es selbst zu wissen. Vor der Abfahrt lief sie zwar durch Haus und Garten, um von jedem Winkel Abschied zu nehmen, aber die Freude überwog doch bei weitem den Trennungsschmerz. Am längsten verweilte sie in dem großen ausgemalten Saale. Denn da waren ja unbekannte Gegenden dargestellt, und obschon ihr Reiseziel das entgegengesetzt gelegene, kalte und winterliche Petersburg sein wurde, fühlte sie sich doch, durch die bloße Tatsache des Reisens, allem Fremden und Fernen nähergerückt auch den auf den Gemälden des Saales abgebildeten sonnendurchleuchteten, sommerschönen Orten. Ja, es war ihr sogar plötzlich, einer Ahnung gleich, als würde diese Reise sie viel weiter führen, als jetzt beabsichtigt wurde schließlich vielleicht sogar bis zu jenen südlichen Gestaden, nach denen der Ahnherr eine stete

Sehnsucht bewahrt hatte, und deren Bilder heute, aus der Umrahmung überreicher Gewinde, so besonders geheimnisvoll zu locken und winken schienen. Beim Einsteigen in den großen Speisewagen Tante Sonjas hatte Dorothee die Empfindung, daß nun die ganze Welt vor ihr offen läge.

Tante Sonjas Diener saß neben dem Kutscher, ihre Zofe und Dorothees Lettin waren auf einem Sitz untergebracht, der rückwärts am Wagen frei vorsprang. Die flachen Koffer der Damen hatte man oben auf das Verdeck gestaut, wo sie ein zweites Stockwerk bildeten. Ins Innere kamen die kleineren Gepäckstücke, die Decken und Kissen für die Nächte, die man in den livländischen Krügen und russischen Poststationen verbringen würde. Auch fehlte der Speisepaudel nicht, mit Speckkuchen, Knappkäse und allem, was sich die lettische Wirtin für Dorothee nur immer hatte ausdenken können.

Unter großem Peitschengeknall zogen die kräftigen struppigen Pferdchen an, und fort ging es mit luftigem Schellengeläut, mit wehenden roten Tuchlappen am Geschirr und im Glänzen der hohen, mit Metall beschlagenen Kumte.

Ein Stück des Weges gab Vetter Arnold den Damen noch das Geleit. Auf einem für seine lange hagere Gestalt viel zu kleinen Klepper ritt er neben dem Wagen trübselig einher, und auf seinem treuherzigen Gesicht war unverhohlener Kummer zu lesen ehrlich darin, wie in allem, was er tat. Dann an der Stelle, wo die ersten für den Wagen vorausgeschickten Relaispferde warteten, kehrte er um. »Kommen Sie nur ja wieder, Cousine Dorothee!« sagte er beim Abschied, und eine große Angst zitterte in seiner Stimme. Dorothee nickte nur herablassend, wie eine Königin, die es nicht nötig hat, ihren Untertanen Versprechungen zu geben.

»Un bravo garçon, mais bien rustaud,« meinte Tante Sonja geringschätzig, als es dann weiter ging.

Anfänglich war Dorothee alles noch wohl vertraut; man fuhr ja durch Livland, auf Wegen oder Weglosigkeiten, die sie kannte. Tiefer Sand wechselte mit hohen, steinigen Buckeln. Um über diese Hocker der Straße hinwegzusetzen, trieb der Kutscher die Pferde mit Peitsche und lautem Anruf zu wildem Galopp an. Blieb der Wagen aber doch einmal zwischen Löchern und großen Steinblöcken stecken, so wurden die lettischen Bauern von den Gehöften und Feldern herbeigerufen, um das schwerfällige Fuhrwerk herauszuheben.

»Ach,« seufzte Tante Sonja nach einem solchen Zwischenfall, »wenn es doch möglich sein sollte, hier einmal Schienen zu legen für solch neue Dampfwagen, wie sie jetzt zwischen Petersburg und Zarskoje laufen. Voriges Jahr bei der Eröffnung der Bahn sind Kaiser und Kaiserin mit dem ersten Zug gefahren.«

Und weiter ging es jetzt durch tiefe Wälder, wo die Bäume wie böse schwarze Riesen standen, und es in ihren Zweigen zürnend rauschte, daß so manche ihresgleichen gefällt worden waren, um den Weg zu schaffen für die erbärmlichen Wichte, die da unten fuhren. Weit vor beugten sich die Wipfel im Winde, als wollten sie Tante Sonjas Karosse zermalmen.

Eine Nacht rastete man auf einem Gut bei Freunden, die nächste mußte in einem Krug verbracht werden. Ein niederes verräuchertes Zimmer gab es da für die lettischen Bauern, ein besseres, die deutsche Stube, für die vornehmen Reisenden. In beiden aber waren Schwärme von Fliegen und Insekten aller Art heimisch.

Bei Petschory, wo sie über ein Flüßchen kamen, verließen die Reisenden Livland. Neugierig streckte Dorothee das Köpfchen in dem großen seidenen Schutenhut ans dem Fenster. Da sah sie einen anderen Reisewagen halten, in dem ein hoher Offizier saß. Die ihn begleitenden Soldaten waren abgestiegen. Im Hintergrunde erhob sich ein langes gelbes Gebäude mit mehreren daraufgesetzten zwiebelförmigen Kuppeln. Tante Sonja sagte, es sei ein als Wallfahrtsort bekanntes Kloster. So teilten sich Kirche und Militär in den ersten Eindruck, den Dorothee vom eigentlichen Rußland empfing.

Bis hierher waren Relais vorausgesandt worden. Jetzt fuhr man mit Postpferden weiter, auf einer schnurgeraden breiten Chaussee, der großen Heerstraße, die über Pskow nach Petersburg führte. Und immer öder wurde die Gegend, immer eisiger fegte der Wind über die endlose Ebene. Längs der Straße in kurzen Abständen waren aus steinernen Unterbauten Holztürme errichtet, und an jedem dieser Holztürme befand sich ein hohes, weithin sichtbares Gestell, an dem drei gegliederte und verschiebbare Balken derart befestigt waren, daß sich durch vielfache Kombinationen mit ihnen verschiedene Zeichen geben ließen. »Das ist die Chappesche Erfindung,« erklärte Tante Sonja, »damit werden in ganz kurzer Zeit Nachrichten bis nach Petersburg weitergegeben ach, wer doch auch so rasch dort sein könnte!« Und ermüdet lehnte sie sich zurück in ihrem weiten Reisemantel.

Aber endlich war man doch angekommen in der Stadt der übergroßen Plätze und endlos langen breiten Straßen. Dorothee wohnte nun in einem gelben, kastenartigen Hause, das eine Einfahrt hatte, an der ein Schweizer stand. Durch die Fenster herabblickend, schaute sie verwundert auf all die ihr neuen Gestalten, die des Weges kamen. Leute, denen die bunten Hemden über die weiten Hosen fielen, die hohe Stiefel und lange Bärte trugen, die alle einen seltsamen Ausdruck hatten, als seien sie nie recht wach, sondern träumten von irgend etwas, das vielleicht einmal kommen könnte, wo es sich dann wohl zu erwachen lohnen würde. Viele Popen sah Dorothee, düstere Erscheinungen, von deren schwarzen Hüten schwarze Tücher über die schwarzen Gewänder flossen. Um so bunter erschienen ihr Offiziere und Soldaten. Auf kleinen struppigen Pferden kamen Kosaken vorbei, in roten Uniformen und weiten blauen Hosen, die an den Schäften und Innenseiten mit

Leder besetzt waren. Hohe schwarze Mützen trugen sie, mit überhängenden Tuchlappen und starrer weißer Feder; lange gebogene Säbel hingen ihnen an der Seite, große Pistolen steckten in den Gürteln, und an den Lanzen flatterten die schmalen Fähnchen. In kleinen offenen Einspännern saßen Offiziere, den pritschenartigen Sitz zwischen den Beinen, die in prallanliegenden Hosen und spiegelblanken Röhrenstiefeln steckten. Frackartige Uniformen trugen sie, mit breiten Epauletten und steifen gestickten Krägen, riesige Dreimaster, die durch Federbüsche noch erhöht wurden alles nach preußischem Muster.

Und bald hielten vielerlei Equipagen vor Tante Sonjas Tor, denn die Nachricht ihrer Ankunft hatte sich rasch verbreitet, und man kam sie zu begrüßen. In Einspännern und Dreispännern, das Mittelpferd unter dem Krummholz, die Seitenpferde mit nach auswärts gewendeten Köpfen, so kamen die Freunde vorgefahren. Andere benutzten noch altertümliche geschlossene Herrschaftskarreten, die hoch vom Boden in Federn schwangen, auf deren rückwärts ausspringendem Sitz zwei Diener saßen, und die von vier Pferden breit an der Deichsel und zwei noch vorgespannten gezogen wurden. Und auf den Böcken all dieser Wagen saßen dicke, bärtige Kutscher, mit breiten Nasen, Haar, das ihnen in die Stirne fiel, und einem guten Hundeausdruck in den Augen. Weit vorgestreckt hielten sie die Arme und die Pferde legten sich in die Zügel, daß sie sich strafften.

Tante Sonjas Reisemüdigkeit war rasch verflogen, und schon in den ersten Tagen nach der Ankunft entfaltete sie eine fieberhafte Tätigkeit, um Dorothee mit allem auszustatten, dessen sie für die gesellschaftliche Kampagne bedurfte. Eine besonders glänzende Saison solle es werden, erzählte man sich, denn die Kaiserin, die längere Zeit leidend gewesen, dürfe, nach einer glücklich verlaufenen Kur, diesen Winter wieder tanzen.

Die Beratungen mit Schneiderinnen, Putzmacherinnen und Coiffeuren waren eine Aufgabe, so recht nach Tante Sonjas Sinn, und Papa hatte ihr ja Carte blanche gegeben. Vor allem galt es, die russische Tracht mit den herabhängenden Ärmeln und dem langen Schleier zu beschaffen, denn Kaiser Nikolai hatte sie seit einigen Jahren für die Hoffeste vorgeschrieben. Vorschriften gab es im Petersburg Nikolais ja für alles, auch für die Vergnügungen; und die Herren durften weder bunte Westen noch farbige Krawatten tragen. Solche Einschränkungen persönlichen Beliebens ließen die in baltischer Selbstherrlichkeit aufgewachsene Dorothee gar sehr erstaunen.

Allen Freunden Tante Sonjas, den vielen Verwandten, die sie durch ihren verstorbenen Mann in der russischen Gesellschaft besaß, wurde Dorothee vorgestellt, und da lernte sie denn Leute ganz anderer Wesensart kennen, als die Menschen daheim waren. Viel biegsamer und schmiegsamer die reizvollen Frauen in den oft gewechselten Gewändern und die jungen und alten Herren in den glänzenden Uniformen, viel gewandter und bereiter, durch schmeichelnde Worte und bewundernde Blicke ihr Wohlgefallen auszudrücken. Denn bewundert wurde Dorothee, und Tante Sonja, die in den Triumphen der Nichte die einstmaligen eigenen wieder zu erleben glaubte, konnte den Eltern, nach dem stillen winterlich verschneiten Burkahnen, bald schreiben: »Alle Welt ist von Eurer Tochter scharmieret. Seine Majestät selbst haben geruht de lui faire des compliments.«

Das hatte sich nämlich auf dem großen Fest im Anitschkowpalais zugetragen, wo die Hoffeste stattfanden, währenddem das kürzlich abgebrannte Winterpalais in größter Hast wieder hergestellt wurde, um zwölf Uhr mittags hatte man zu tanzen begonnen, und man tanzte den Nachmittag und Abend, man tanzte die ganze Nacht. Und als in den Frühstunden des nächsten Morgens der Kaiser Miene machte, das Fest zu schließen, bat die Kaiserin, es noch länger auszudehnen. Und weiter war getanzt worden, daß die vielen

Füßchen in den seidenen Kreuzbandschühchen brannten. Den Schluß bildeten die Figuren des Potpourris. Die Damen hatten sich dazu rings um den Saal auf Sesseln niedergelassen und, der Aufforderung und dem Beispiel des Kaisers folgend, mußte sich neben einer jeden ihr Kavalier aus den Fußboden setzen. Dann schassierten die tanzenden Paare vorüber. Dem Kennerblick des für Frauenschönheit empfänglichen Monarchen war Dorothee hierbei durch ihre Anmut aufgefallen, und er hatte sie mit einer Ansprache ausgezeichnet. Hochaufgerichtet vor ihr stehend, mit dem etwas herrischen Ausdruck der großen Augen, der geraden länglichen Nase und den schöngeschnittenen Lippen, sagte er: »Ich freue mich, so eine scharmante Tochter aus dem Lande meiner braven Ostseeritter hier zu sehen.«

Und hatte Dorothee schon vorher gefallen, so gefiel sie nun doppelt denn auch in Rußland verlieh Allerhöchste Huld der Schönheit die endgültige Weihe.

»Une folle journée« war das Fest im Anitschkowpalais genannt worden, Dorothee aber wollte es scheinen, als bestände das rasch dahingleitende Leben überhaupt nur noch aus folles journées. Die Bälle und Maskeraden, die Feste aller Art jagten sich; jeder neue Gastgeber schien seinen Vorgänger durch etwas noch Kostbareres, noch Unerhörteres überbieten zu wollen. Ja, es war herrlich! Es war ein solcher Taumel, daß man darüber wohl eine Weile alles vergessen konnte. Aber doch regte sich in Dorothee, einer leisen Mahnung aus der Heimat gleich, bisweilen die Frage: Durfte man denn eigentlich das Vergnügen so zum Hauptzweck des Lebens erheben?

Und dann kam der unvergeßliche Abend.

Graf Rossi, der sardinische Gesandte, und seine schöne Gemahlin, die berühmte Sängerin Henriette Sonntag, hatten zu einem musikalischen Feste geladen. Und da bei ihnen erschien zum erstenmal ein neuer strahlender Stern am Petersburger Firmament: der junge Marchese Ercole. Aus altem Genuesischen Geschlechte stammend, der Besitzer herrlicher Paläste und eines weltberühmten Gartens, zog er alle Blicke auf sich. Aber auch ohne diese Attribute wäre er doch überall der Gegenstand allgemeiner Aufmerksamkeit geworden, denn er war von einer so vollendeten Schönheit, wie sie Maler und Bildhauer wohl erträumen, ein einzelner Mensch aber selten in sich vereinigt. Und dazu kam eine Eleganz, die altererbter Kultur entstammte und nichts Weibisches an sich hatte, sondern sehnige Kräfte barg, eine Grazie der Manier, ein Wohlklang der Stimme, die wie süße südliche Luft gefangen nahmen.

Auch Dorothee war betroffen, als die Hausherrin ihr den fremden vorstellte. Ein völlig neuer Menschentypus war er für das baltische Komteßchen, und doch kam er ihr aus irgendeinem geheimen Grunde doch sofort bekannt vor. Unwillkürlich sagte sie: »Mir ist, als hätt' ich Sie schon irgendwo gesehen, Herr Marchese.«

»Wie sollte mir solch Glück widerfahren sein, da ich mich doch nicht darauf zu besinnen vermag,« antwortete er und blickte sie aus großen dunklen Augen an. Sobald aber Dorothee in diese Augen geschaut, schien die ganze Umgebung um sie her zu versinken, weit fort von Petersburg wähnte sie sich, daheim wieder im Märchensaale, und voller Entzücken rief sie: »Oh, jetzt weiß ich es. Sie sind ja der Lautenspieler unter den blühenden Orangenbäumen auf dem Bild in Burkahnen.«

Als der Marchese nun verwundert eine Erklärung der rätselhaften Worte erbat, war sie so reizend in ihrer Verwirrung, und ihr Gesichtchen errötete so lieblich zwischen den regelmäßig herabhängenden goldenen Locken, daß ihm war, als habe er nie ein so holdseliges Menschenkind geschaut.

Il a reçu le coup de foudre, dachte beobachtend Tante Sonja. Und »coup de foudre« diagnostizierte bei ihm auch bald die ganze

Petersburger Gesellschaft. Weniger sicher war man, was die scharmante Tochter des Ostseeritterlandes empfände, denn sie schien durch doppelte Zurückhaltung ausgleichen zu wollen, was ihr Benehmen im ersten Augenblick ihrer Bekanntschaft vielleicht an allzu harmloser, beinahe kindlicher Unbefangenheit gehabt hatte. Aber der Marchese war kein Bewunderer, dem sich leicht entweichen ließ. Mit südlichem Feuer führte er seine Sache, mit einer ansteckenden Fröhlichkeit, die keine Hindernisse kannte. Das Komteßchen, das doch gemessen zu sein trachtete, wurde denn auch bisweilen völlig von ihm mit fortgerissen, und die ganze Gesellschaft, die an diesem Idyll ein gerührtes Interesse nahm, sagte: »Sie kann gar nicht anders, man muß ihn ja lieben.«

Alle schienen sie zu des Marcheses Helfershelfern und Fürsprechern geworden zu sein, obschon er eine Persönlichkeit war, die dessen eigentlich gar nicht benötigte. Aber es war eben jeder einzelne von ihm bezaubert und wollte ihm daher zur Erfüllung seines Herzenswunsches helfen. Immer und überall hörte Dorothee den Fremden rühmen. Und Tante Sonja, die bis dahin, im Hinblick auf mögliche russische Heiraten Petersburg, nie genug loben konnte, rühmte nun Italien, das sie von ihrem diplomatischen Leben her kannte. Ganz enthusiastisch wurde die weltlichkühle Dame. »Hier mag ja alles gut und schön sein,« sagte sie, »aber was überhaupt ist die gesamte übrige Welt im Vergleich zu Italien der Heimat aller Kultur und Kunst, dem Land, wo jeder Atemzug Wonne ist. Ach, und Ercoles Paläste und Galerien und vor allem seinen berühmten Garten, den solltest du sehen! Diese immergrünen Bäume, diese betäubend duftenden Blumen, die großen Glühkäfer, die in den Nächten leuchten, und nie Kälte, nie Winter, und dazu das blaue Mittelländische Meer! Aber etwas so Schönes kannst du dir ja gar nicht vorstellen, ma pauvre enfant, du kennst ja nur die Apfelbäume von Burkahnen.«

Ganz genau vielleicht nicht, aber ungefähr glaubte Dorothee indessen doch, es sich vorstellen zu können; sie dachte bei solchen

Schilderungen ja gleich an den Märchensaal in Burkahnen mit seinen Bildern Italiens. Seit ihrer Kindheit Tagen hatten diese sie ja oft so seltsam geheimnisvoll gelockt und waren ihr doch stets ein bißchen unheimlich geblieben. Immer schienen sie Bilder zu sein von Dingen, die es in Wirklichkeit gar nicht geben konnte, oder die, wenn es sie denn wirklich gab, in ihrer Pracht und übertriebenen Schöne etwas Unerlaubtes, beinahe ein wenig Sündhaftes haben mußten.

Und nun sollte das Seltsame geschehen? Sie sollten in Dorothees Leben doch Wirklichkeit werden? Einer der allerschönsten Punkte dieser Märchenwelt würde ihr zu eigen angeboten werden? Zu ihren Füßen gelegt von einem Sohn des Zauberlandes, der, auch wenn seine Hände nichts zu bieten gehabt hätten, selbst unwiderstehlich gewesen wäre. Denn bezaubernd war Ercoles ganzes Wesen und voll reizender Einfälle, das fühlte die in nordischer Nüchternheit aufgewachsene Dorothee immer mehr und am unwiderstehlichsten würde er vielleicht sein, wenn er um etwas bat. Während all der folgenden Feste, bei jeder der vielen Gelegenheiten, wo sie sich trafen und wo er verstand, sich zu geben, als sei er nur da für sie, immer mehr fühlte sie klopfenden Herzens, daß der Augenblick der Aussprache nahte, daß er ihn suchte. Sie aber war dem ausgewichen, ganz unwillkürlich, hatte auch nicht genau sagen können, warum. Es war nur so ein Wunsch in ihr, daß nichts sich ändern möge an diesem Zustand, der einem süßen Traume glich ein geheimes Zurückbeben vielleicht vor Fragen und Entschlüssen, die dann kommen mußten.

Doch als das Eis der Newa aufgegangen und der Frühling gekommen, da war es, als ob auch Ercole die Worte nicht mehr zurückzudrängen vermöge, und sie strömten zu ihr, mächtig, wie langgedämmte Fluten, und zugleich betörend süß, wie das Werbelied einer Nachtigall. Aber gerade da, und als er schon jubeln wollte, kam es über sie wie eine beklemmende Angst. Sie hatte ja an diesen Augenblick im stillen bisweilen gedacht, aber er fand sie nun doch völlig verwirrt. Denn es kam ihr plötzlich vor, als habe dies alles gar nichts mit ihr zu tun, als könne es überhaupt nicht Wirklichkeit sein. Und Dorothee, die nur die Hände auszustrecken brauchte, um alle Blüten des Daseins zu fassen, faltete statt dessen diese Hände fest ineinander und erbat sich, mit gesenkten Lidern und leiser, bebender Stimme, eine Bedenkfrist.

Ja, sie tat mehr. Als Tante Sonja sie immer wieder zu drängen begann, einen solchen Bewerber, um den sich andere reißen würden, nicht unnütz hinzuhalten, da erklärte Dorothee, sie wolle sofort nach Burkahnen zurückkehren, denn sie fühle, nur dort könne sie sich den wichtigen Schritt in Ruhe und mit richtigem Ernst überlegen.

Tante Sonja war bitter enttäuscht über diese Wendung. Sie hatte gleich nach des Marcheses Werbung an Dorothees Eltern geschrieben, und von ihnen die Antwort erhalten, sie stellten ihrer Tochter die Entscheidung völlig frei. Tante Sonja hatte daraufhin bestimmt angenommen, daß es nun in wenigen Tagen zur Verlobung kommen würde, denn Dorothees Zögern hielt sie nur für mädchenhafte Ziererei, wenn nicht gar für absichtliche Koketterie, und sie hatte bereits in der Vorstellung all der Feste geschwelgt, die aus diesem Anlaß gegeben werden würden. In Petersburg herrschte in jenem Jahre ja überhaupt eine jugendlicher Liebe und Verlobungen holde Stimmung, denn die Vermählung der Großfürstin Marie mit dem Herzog von Leuchtenberg stand nahe bevor. In dem neu entstehenden Winterpalais sollte sie gefeiert werden. Es wäre doch gar zu reizend, Dorothee auch als Braut vorstellen zu können! Und noch einen Versuch machte daher Tante Sonja, die Nichte umzustimmen. »Du hast etwas Angst vor all dem Fremden in dem unbekannten Lande,« sagte sie. »Das ist ja begreiflich, aber glaube mir, bist du erst mal dort mit Ercole, so wirst du nicht ver-stehen, wie du je einen Augenblick zaudern konntest. Wie viel Schönheit und Genuß sich aus unserem kurzen Leben schöpfen läßt, das lernt man erst dort im Süden! Und«, setzte

Tante Sonja hinzu, »wenn es dir wirklich anfänglich etwas schwer werden sollte, dich einzuleben, so bin ich ja gerne bereit, zu euch zu kommen, und dir bei deinen ersten Ricevimenti in Ercoles Stadtpalais zu helfen und vor allem deine Fêtes champêtres in dem Garten am Meere zu arrangieren.«

Aber sogar diese letzte Lockung vermochte nicht, Dorothee zu dem erwünschten sofortigen Jawort zu bewegen. Und so mußte sich denn Tante Sonja bequemen, die Nichte heimzubegleiten.

Vor der Abreise fand eine Unterredung mit Ercole statt. In hellblauem Frack und lila Weste war er gekommen, die Krawatte kunstvoll mit kostbaren Nadeln gehalten. Die Taille beinahe so dünn, wie die der Dame seines Herzens selbst. So saß er in Tante Sonjas Salon Dorothee gegenüber. In den im Schoß gefalteten Händen hielt sie das Sträußchen, mit Seidenmanschette und Filigranhalter, das er ihr überreicht hatte, und sie lauschte mit sittsam gesenkten Lidern, wie er ihr noch einmal sagte, daß er keinen sehnlicheren Wunsch kenne, als sich und alles, was er sei und habe, ihr zu Füßen zu legen. Dabei glitten seine dunkeln Blicke voll leidenschaftlicher Bewunderung über ihr feines Gesicht, über ihre Gestalt in dem bauschenden Rock, auf den die Enden eines pucefarbenen Gürtels fielen. In Petersburg wollte Ercole der endgültigen Antwort Dorothees harren. »Erlösen Sie mich rasch, Contessina Dorothea,« bat er, »gestatten Sie mir bald, Ihnen in das Haus Ihrer Eltern nachzueilen und Sie in meine Heimat zu führen. Ich will ja Ihr Leben zu einem einzigen Fest machen. Es soll schön werden oh, so schön!« Und Dorothee hatte daraus mit einem wehmütigen Lächeln und einem schüchternen Angenausschlag geantwortet: »Seien Sie versichert, Marchese Ercole, daß, wenn ich fühle, daß ich es darf, meine Antwort gern ein Ja sein soll.«

So schnell als es ging, ward die Heimfahrt in Tante Sonjas großem Speisewagen zurückgelegt. Nach wenigen Tagen hielt man vor dem Herrenhause in Burkahnen. Im Eingangstor, zu dessen beiden

Seiten die dreibeinigen Opferschalen in Nischen standen, warteten die Eltern, und hinter ihnen drängten sich die alten Tanten und Cousinen, unverändert in ihren langbekannten Kleidern. Aus der Begrüßung der Eltern sprach eine viel größere Zärtlichkeit noch als sonst, die aber rasch von ihnen unterdrückt wurde, als hätten sie zuviel schon der Freude gezeigt, die sie erfüllte, die einzige Tochter einmal noch für sich ganz allein zu haben. Feine, peinlich rechtlich empfindende Menschen waren es ja, und sie hatten sich fest vorgenommen, daß Dorothee durch keine Rücksicht auf sie beeinflußt werden dürfe. Ganz unbehindert sollte sie entscheiden, was ihr Glück sei. Die Eltern sprachen nur leise gütige Worte, sorgfältig das eine vermeidend, woran doch alle dachten, und ihrem Beispiel folgten, mit diskreten Blicken und sorgenvollem Kopfschütteln, die vielen alten verwandten Dämchen. Sie alle behandelten Dorothee beinahe wie eine Kranke, die ja nicht gestört werden darf, Vetter Arnold erschien überhaupt nicht. Und auch das war Zartheit und Rücksichtnahme.

Im Vergleich zu Tante Sonjas stets erneuten Bestürmungen empfand Dorothee diese feinfühlende Zurückhaltung zuerst dankbar. Aber bald überkam sie ein Gefühl großer Hilflosigkeit, so völlig auf sich selbst gestellt zu sein in dieser schwersten Entscheidung. Sie hatte beim Aufbruch von Petersburg bestimmt gedacht.

sobald sie erst wieder in Burkahnen sein würde, müsse sie auch durch irgendeine geheimnisvolle Inspiration sofort wissen, was sie tun solle. Denn in Burkahnen hatte sie ja nie Zweifel und Unsicherheit gekannt, da war immer alles klar und selbstverständlich gewesen. Und nun war sie wieder daheim, aber sie blieb ebenso unschlüssig, so verwirrt wie in Petersburg, wo Ercoles Stimme bis in ihre Traume getönt hatte, mächtig wie rauschende Fluten und zugleich betörend süß, wie das Werbelied einer Nachtigall. Eine Sehnsucht überkam sie, wenn sie daran zurückdachte, so daß sie sofort hätte »Ja, ja!« rufen mögen, und zugleich eine Angst, die ganz ebenso eindringlich warnte, »nur nicht, nur nicht!« Es war als rangen beständig zwei Mächte um sie, als wurde sie wehrlos von ihnen hin und her gerissen. Und mitleidig schauten die älteren Menschen auf den Kampf des Kindes, das sie von klein auf gekannt, dem sie gern jede Not erspart hätten, und dem sie hier doch nicht helfen konnten. Sie ließen Dorothee in allem gewähren und gaben ihr Zeit. Sogar Tante Sonja, die bis zur endgültigen Entscheidung in Burkahnen bleiben wollte, mußte sich der Eltern Wunsch jetzt fügen und schweigend warten.

Die große Stille eines weiten Landes, in dem es wenig Menschen gibt, war über Burkahnen gebreitet. Eltern, Tanten hatten sich zum nachmittägigen Schlummerstündchen in ihre Zimmer zurückgezogen. Nur Dorothee irrte ruhelos umher. Sie schritt durch die wohlbekannten Räume, wo oben dicht unter der Decke die weißen Figuren der Friese aus blauem Grunde liefen, und die Empiremöbel noch immer steif und etwas spärlich standen; sie schritt durch andere, in denen die Wände mit alten Kattunen bespannt waren, und die neueren Mahagoni-Servanten und -Kommoden selbstgefällig glänzten. Sie stand in dem Zimmer, wo sich der lange schmale Flügel von Gothow bei Riga befand, und sie entsann sich, wie sie hier bei den ausländischen Gouvernanten Tirolienne und Menuett tanzen gelernt, wie sie Hummel, Weber und Schubert geübt hatte. Sie wollte bei diesen beruhigenden Bildern jener Zeit verweilen, die ihr heut so lang her schien, daß sie sich plötzlich ganz alt vorkam aber ihre Gedanken ließen sich nicht festhalten. Die Erinnerung an jenes erste kindliche Tanzen zauberte die Vorstellung der Petersburger Bälle hervor, der Gedanke an die einstmaligen Klavierstunden beschwor das musikalische Fest der Gräfin Rossi und ließ mit ihm Jenen vor ihr erstehen, den sie dort zum erstenmal gesehen. Und da waren sie auch schon wieder da, die Zweifel und Unsicherheiten, wie quälende Geister. Und so wie Dorothee einst in der Kindheit von hier aus vor den ausländischen Gouvernanten in den Garten zu entweichen liebte, so wollte sie auch jetzt fliehen vor all dem Fremden, sie Bedrängenden. Schon hatte sie die Klinke der Tür, die ins nächste Zimmer führte, gefaßt. Aber da hielt sie plötzlich inne. Dort ging es ja in den Märchensaal. Dahin wollte sie doch nicht?

Seit ihrer Ankunft hatte sie den Raum, der nur bei besonderen Festen benützt wurde, noch nicht betreten. Jetzt lockte er sie plötzlich mit den tausend Stimmen, die sie schon als Kind oft zu hören gemeint, und die vielleicht nur das Kreisen jenes Tropfen Blutes in ihr waren, den sie von dem Ahnherrn geerbt, der einst in Schönheitssehnsucht die italienischen Landschaftsbilder dort drinnen hatte ausführen lassen. Aber noch eine andere, ganz neue Lockung drang heute durch die geschlossene Tür, auf deren Griff ihre Hand noch ruhte. Das Land, dessen Ruf sie hörte, war Ercoles Land, die Bilder seiner Heimat winkten dort drinnen in Sonnenglanz und Blumenfülle, und der schwarzäugige Lautenschläger, der unter Bäumen saß, darauf weiße Blüten glänzten und zugleich goldene Früchte glühten, der trug seine Züge, der war ja Ercole selbst!

Da konnte sie nicht widerstehen. Sie öffnete die Tür, schaute in den Saal und sah die Bilder sah viel, viel mehr, sah, wie in einer übernatürlichen Vision alles, was das Leben ihr bot. Dann aber, einem übermächtigen Impulse folgend, stürzte sie fort, hinaus in den Garten, Frühling war da. Nordischer Frühling. Kein wildes Wuchern, kein verschwenderisches üppiges Treiben und Sprießen. Eine Zartheit. Beinahe eine Herbe und Kargheit. Im hellsten Grün standen die Büsche, blaßrosa wölbten sich die Kronen der Apfelbäume gegen den farblos lichten Himmel. Leichter Dunst stand vor der Sonne, so daß die Dinge nur schwache Schatten warfen. Kein Bild, das zu sehen man weite Reisen unternimmt. Für manche Augen vielleicht kaum schön.

Dorothee aber war es Heimat, und bei dem Anblick kam es über sie gleich einer großen Erkenntnis: von hier scheiden, konnte man das denn überhaupt ernstlich erwägen? Das durfte doch niemand, dem dies Stück Land gehörte und der wiederum auch zu ihm gehörte.

Burkahnen verlassen? Es vielleicht nie wiedersehen, seine hellen Sommernächte nicht und nicht seine langen weißen Winter? Das war doch unmöglich. »Nur in Italien läßt sich Schönheit und Glanz aus dem Leben schöpfen,« hatte Tante Sonja gesagt, aber aufblickend sah Dorothee, wie die Bienen geschäftig schwirrten, Speise einsammelnd aus den spärlichen nordischen Blumen, und sie wußte, ihr Honig war so süß. Ja, hier zu leben, wie so ein Bienchen, das aus dem mühsam Gehegten Süße schöpft, das erkannte sie jetzt, in plötzlicher Eingebung, als ihre eigene Bestimmung. Jene südlichen Fernen, die mochten ja schön sein, schöner vielleicht als Burkahnen, aber das gerade war es ja, was, trotz aller Lockung, Dorothee mit einem leisen Schauer der Abwehr, einem Gefühl des Unheimlichen erfüllte zu schön waren sie. Glänzendste Punkte der Welt, die man wohl einmal sehen mochte, die durch ihre verwirrende Überfülle einen Rausch der Begeisterung erregten, aber nichts so ganz Wirkliches, Vertrautes, worauf sich der Alltag aufbauen läßt.

Stärker tönte der Bienen Summen und die Erde duftete, wie sie jedem duftet, da wo er geboren ist. Und Dorothee kniete nieder, drückte ihre Wange auf diese Erde und hatte die Antwort auf ihre fragenden Zweifel gefunden.

Als Dorothee dann unter der langen Reihe der Apfelbäume wieder dem Hause zuschritt und alles um sie her anschaute wie liebe Wesen, die sie beinahe verloren hätte und nun wieder besaß, kam plötzlich Tante Sonja aus einem Seitenwege ihr entgegen, und Tante Sonja, der die Tage in Burkahnen anfingen reichlich lang zu dünken, fragte: »Eh bien, ma clière enfant, bist du dir endlich darüber klar geworden, welch große Chance dir geboten wird?«

»Ja, vielleicht ist es wirklich eine große Chance,« antwortete Dorothee, »aber,« setzte sie hinzu und blickte hinaus in die Apfelbäume, als riefe sie die rosa Blüten zu Zeugen auf, »es ist doch unmöglich, daß ich dies alles hier verlasse.«

»Folle que vous êtes!« rief Tante Sonja, »Ich glaube wahrhaftig, wegen ein paar Apfelbäumen willst du hier bleiben, und du könntest doch den schönsten Garten der Welt besitzen.«

»Aber er läge nicht in Burkahnen,« antwortete Dorothee leise.

Den Absagebrief an den Marchese mußte Papa schreiben. »Aber mach ihn ja recht freundlich und nett,« schärfte Dorothee ihm ein. Nachher, als er ihn ihr zu lesen gab, besann sie sich einen Augenblick und setzte dann in der feinen spitzen Handschrift jener Tage die Worte hinzu: »Ich möchte Ihnen noch einmal danken, Herr Marchese, daß Sie mir so viel Schönes schenken wollen aber das ist es gerade, wovor ich mich fürchte und es wäre vielleicht gar zu schön.«

So hatte Dorothee über ihr Leben entschieden. Denn was nachher daraus wurde, war ja nur die weitere Folge dieses Entschlusses.

Dorothee blieb von da an wieder ruhig in Burkahnen bei den Eltern. Die aber wurden älter und kränklicher, und dann starben sie. Vorher hatten sie indessen noch die Freude erlebt, daß Dorothee den Vetter Arnold heiratete, der, wenn auch einmal von Süden her ein Sturm durch die Burkahner Welt gezogen war, nachher doch ebenso selbstverständlich dagestanden hatte, wie die Bäume, die auch gelegentliches Wehen überdauern. Wegen des Gesundheitszustandes der Eltern konnte es nur eine ganz kleine Hochzeit sein, und es erschien daher Dorothees Wunsch selbstverständlich, daß das Hochzeitsdiner nicht im großen Märchensaal serviert werde. So gehörte denn Burkahnen Dorothee zu eigen und, mit Vetter Arnolds Gut vereinigt, bildete es einen schönen Besitz. Aber hatte Dorothee in ihrer Jugendzeit damit begonnen zu glauben, daß Vetter Arnold und Burkahnen ihr gehörten, so wußte sie nun, daß sie selbst es war, die ihnen gehörte. Und es war ja auch schön und gut so. Vielleicht wollte es ihr aber manchmal doch scheinen, daß sie mehr gäbe, als sie empfange. Die Zeiten gingen dahin, die Welt änderte sich. Längst lagen Schienen, und Eisenbahnzüge dampften auf jenen Wegen, über die Dorothee einst in Tante Sonjas Reisewagen gefahren war. Aber sie kehrte nie wieder nach Petersburg zurück. Arnold, den sie immer noch Vetter Arnold nannte, obgleich sie schon so viele Jahre verheiratet waren, mußte um so häufiger dorthin. Denn jetzt gehörte er zu jenen, die am eifrigsten für das gefährdete Baltentum kämpften, nicht in Auflehnung gegen die angestammte fremde Obrigkeit, sondern aus dem Bedürfnis, Treue zu halten der ererbten Eigenart. Und es gab viel zu kämpfen, denn auch darin hatte die Welt sich geändert. Niemand in Petersburg sprach mehr von »braven Ostseerittern«. Scharfe Winde wehten aus Norden hin zu den Ostseeprovinzen. Und in diesen selbst begann das Leben anders zu werden. Nicht mehr ganz dieselbe harmlos behagliche Gastlichkeit herrschte. Anspruchsvoller wurden die Menschen, teurer die Dinge. Und einen Unterton von Unsicherheit und Besorgnis begann man zu hören. Zur Feindschaft von oben gesellte sich tückische Auflehnung von unten. Die Letten waren nicht mehr jene unterwürfigen Gestalten aus Dorothees Jugend.

Ja, so vergingen die Jahre. Vierzig mal 365 Tage und dazu noch die Schalttage waren verstrichen, seit Dorothee unter den Apfelbäumen Burkahnens über ihr Leben entschieden hatte. Lang, lang waren diese vielen Tage manchmal gewesen! Gelegentlich hatte Dorothee deutsche Bäder besucht. Zu weiteren Reisen war es indessen nie recht gekommen. Die Geschäfte der eigenen Güter, die größeren der Provinz, hatten Arnold immer irgendwie hemmend zurückgehalten. Und Dorothee selbst hatte auch nie sonderlich darauf bestanden. Aber jetzt sollten sie reisen. An die Riviera. Arnold kränkelte, er, der so lang aufrecht und stark dagestanden, wie die Bäume nordischer Wälder, bedurfte der Sonne des Südens, so sagten die Ärzte.

Und so reisten sie denn. Ein alter Mann. Eine alte Frau.

Zuerst ging es nach Berlin, das sie beide längst kannten. Dann über die Alpen und weiter hinab.

Morgens im Schlafwagen erwachend, blickten sie hinaus in die gänzlich veränderte Welt, wo milde Luft und weiche Laute ihnen entgegenschlugen, wo die Menschen schwarzes Haar und dunkle Augen hatten. Durch viele Tunnels, immer wieder Blicke auf ein unendlich duftig blaues Meer gestattend, führte sie dann die Bahn.

Gegen Mittag waren sie an ihrem Bestimmungsort angekommen. Und auch aus den Fenstern ihrer Hotelzimmer sah man dieses seltsam leuchtende Meer. Dorothee mußte immer wieder hinausschauen. Sie wäre am liebsten gleich hinunter an den Strand gegangen, um dieser lockenden Bläue nur ja recht nahe zu sein. Aber Arnold war müde. Gleich nach dem Essen legte er sich aufs Sofa, bat, daß man die Vorhänge schlösse und ihn ungestört ruhen lasse. Nun litt es Dorothee nicht mehr im Hause, und nachdem sie dem lettischen Diener eingeschärft, seinem Herrn zur Hand zu bleiben, ging sie hinab und trat aus dem Hotel.

Auf der blendendweißen Straße hielt ein Wagen, fremdartiges Geschirr trugen die Pferde, und dem Kutscher, mit dem klugen schmalen Gesicht, steckte eine Feder keck am Hute. Er machte eine artige Gebärde und frug, ob die fremde Dame nicht mit so guten Pferden fahren wolle, beinahe, als ob ein bekannter Herr ihr seinen Wagen angeboten hatte, und vergleichend dachte Dorothee an die Droschken in Riga! Ohne sich zu besinnen, stieg sie ein und nannte dem Kutscher einen Namen. Leise nur sprach sie ihn aus, beinahe zaghaft. Aber der Kutscher schien gar nicht verwundert. Hatte diese Weisung wohl gar erwartet.

Fort ging es nun auf der glatten Straße, in raschem Trab, mit lustigem Gekling der Geschirre. Im Sonnenschein vorbei an hellen Häusern mit flachen Dächern, im Sonnenschein am blauen Meer entlang. Dann hielt der Kutscher an einem hohen Eingangsportal.

Ein Pförtner erschien. Ja, es sei jemand da, der die Dame begleiten könne.

Und nun schritt sie durch den Garten neben dem Führer. Der radebrechte etwas Englisch und Französisch, nannte die Kampfer-, Zimt- und Pfefferbäume, zeigte ihr die vielen verschiedenen Palmenarten, die Kaffeesträucher, Bananen und die langen Kamelienwände. Aber sie achtete gar nicht darauf. Sie ging wie im Traume. Und was lag an den einzelnen Namen, wo das ganze eine Märchenwelt war. Oh, diese Süße der Düfte! Dies Schmeicheln der wonnigen Luft! Nein, so hatte sie es sich freilich nicht vorzustellen vermocht! Übergroß standen die weißen Magnolien zwischen den glänzend grünen Blättern, Dickichte bildeten die rötlich gelben Azaleen, breit ausladend streckten sich die Arme der knorrigen Zedern, hochausstrebend die Zweige der dunkeln Zypressen. Überall schlangen sich Lianen um die glatt ragenden Stamme der Palmen, warfen ihr Gerank, grünlichen Schlangen gleich, von Baum zu Baum, verwoben diese ganze Welt mit einem Zaubernetze, umspannen sie mit feinen Fäden, an denen Blumen wie Schmetterlinge hingen. Die Statuen von Frohsinn und Überfluß standen als Geister des Ortes. Und fröhlich winkten Barken auf schillernden Teichen, im Überfluß blühten die Rosen der Riviera, die Jasmine und schweren Dolden der Wistarien. Und so wunderbar und traumhaft der Garten auch war, so war es vielleicht das Wunderbarste, daß Dorothee sich darin nicht eigentlich fremd vorkam, daß es sie dünkte, als wäre sie hier längst erwartet, als flüsterten ihr all die Dinge zu: »Also endlich, endlich, bist du zu uns gekommen!«

Bis zur Höhe begleitete sie der Führer, von wo aus der Blick über den ganzen Garten reichte, und weiter noch hinaus auf das blaue, im Dunst der Ferne verschwimmende Meer. Die Welt und alle ihre Herrlichkeiten schien dieser Besitz zu umfassen.

Während Dorothee noch so stand, versunken in trunkenes Schauen, mit Tränen in den Augen ob soviel Schönheit, hörte sie den Klang von Schritten. Aufblickend sah sie, daß die Tür des Gebäudes, das sich hier als Krone des Ganzen erhob, von innen geöffnet worden war. Ein alter Herr trat aus dem Hause, kam dann langsam die marmornen Stufen herab. Alt, nur weil weißes Haar sein Haupt bedeckte, aber mit gerader Haltung, elastischem Schritt und jener unnachahmlichen südlichen Grazie, die Dorothee nur an Einem je gesehen. Ganz unwillkürlich drängte sich ein Name über ihre Lippen: »Ercole«. Nicht laut hatte sie gerufen, aber der Schall drang hier in der Stille weiter wohl, als sie dachte. Verwundert hielt der alte Herr bei dem Klang der Stimme inne, schaute sich um und gewahrte eine zierlich feine alte Dame. Es war offenbar, daß er sie nicht gleich erkannte. Aber er kam auf sie zu, blieb stehen und grüßte mit fragendem Blick in den dunkeln Augen. Als wolle er sich besinnen, als habe der Ton der Stimme ihn mehr als der Anblick an etwas gemahnt, was zurücklag in weiter Vergangenheit. Und plötzlich kam es nun auch über seine Lippen, unsicher und fragend: »Contessina Dorothea?«

Lang waren sie dort oben nebeneinander stehengeblieben, hatten zusammen hinausgeschaut aus die Märchenwelt, schweigend und doch wissend, daß sie dieselben Gedanken dachten. Und dann hatte er sie durch den Garten, aus dem nun stärker noch die Abenddüfte stiegen, bis zum Portale hinabgeleitet. Ein Gärtner, den Ercole vorher herbeigewinkt, stand wartend da, die Arme voll eines übergroßen Straußes aus des Märchengartens schönsten Blüten. In den Wagen wurde er gelegt, füllte ihn mit seinem Duft und Zauber, und dabei gedachten Ercole und Dorothee wohl jenes anderen Sträußchens, das er ihr, in Seidenmanschette und Filigranhalter, vor vierzig Jahren überreicht hatte. Als sie dann im Wagen saß, beugte er sich über ihre Hand und sagte mit einem leisen wehmütigen Lächeln: »Von allen Sorgen, Contessina, ist wohl die müßigste, daß das Leben je zu schön sein könnte.«